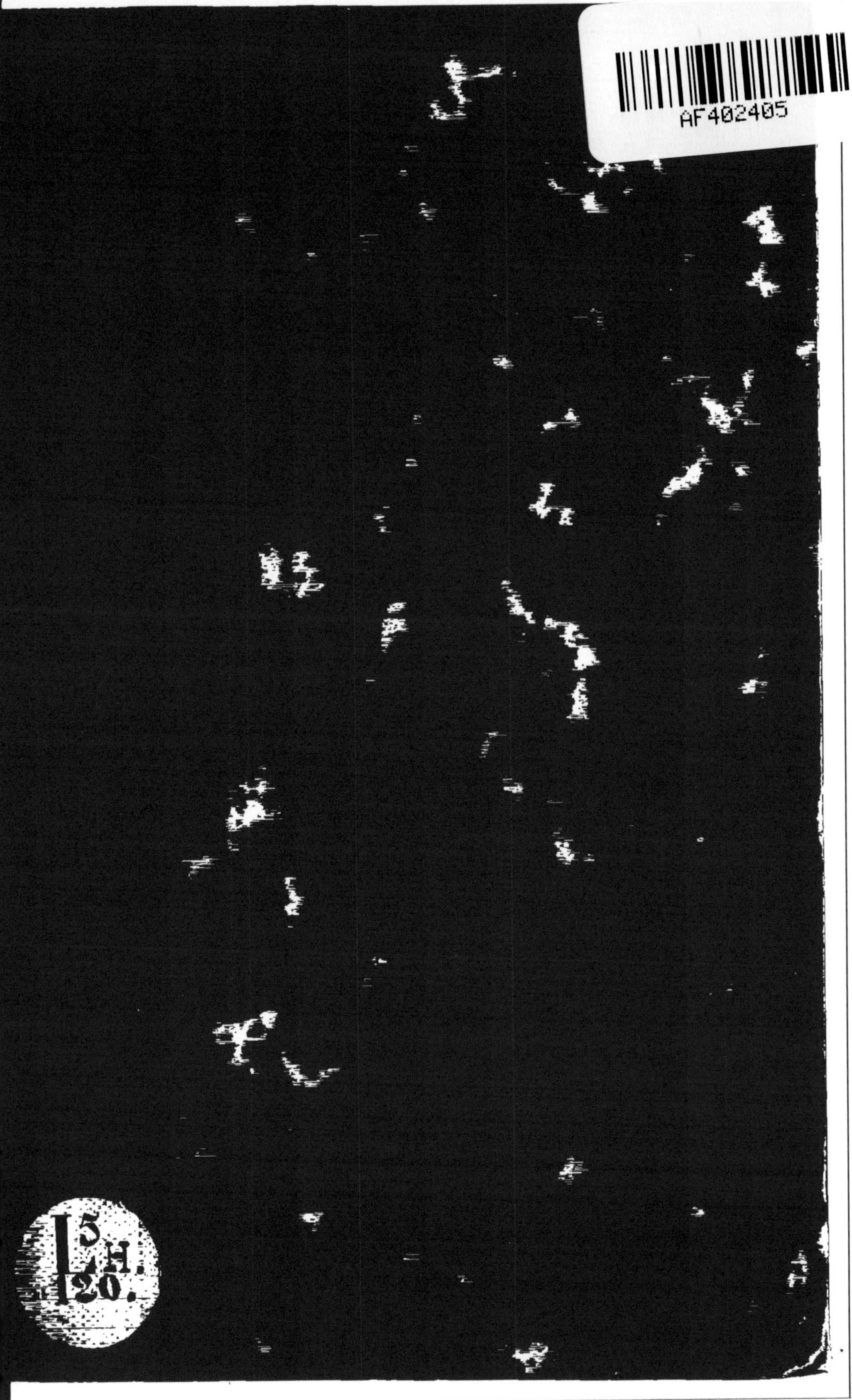

QUELQUES MOTS

A MONSIEUR

LE MARÉCHAL CLAUZEL,

Par Germain Sarrut.

Amicus Plato, sed magis amica veritas.

PARIS.

H. KRABBE, ÉDITEUR DE LA *BIOGRAPHIE DES HOMMES DU JOUR*

RUE DE SEINE, 48.

—

1837.

IMPRIMERIE DE L.-B. THOMASSIN ET COMP.,

RUE DES BONS-ENFANTS, 34.

QUELQUES MOTS

A MONSIEUR

LE MARÉCHAL CLAUZEL.

Monsieur le Maréchal,

Lorsque parurent vos *explications* sur les affaires d'Alger, je les lus avec un empressement dicté par le besoin que j'éprouvais de trouver exempt de tout blâme un des hommes dont le nom se trouve glorieusement associé aux souvenirs de nos grandes journées de la République et de l'Empire ; ce n'est point ici le lieu de dire quelle impression il m'est resté de cette lecture, et d'entrer dans une discussion étrangère au sujet qui doit m'occuper ; mais je ne puis vous dissimuler que je m'arrêtai avec un sentiment tout au moins de surprise, en parcourant le résumé éloquent et rapide que vous faites de votre vie militaire, pages 109 et 110 ; il me parut que vous exaltant vous-même aux souvenirs de vos jeunes années et des lauriers que vous cueillîtes sur tant de champs de bataille, vous vous placiez trop souvent en première ligne et pensiez avoir été chef là où vous n'aviez joué qu'un rôle secondaire. Il me serait facile de relever dans *vos explications* plus d'une erreur de ce genre ; mais telles ne sont ni mon intention, *ni mon obligation* (1) ; je me bornerai donc à un seul fait : celui qui a trait à l'abdication du roi de Sardaigne et à la réunion de ce royaume à la France. En traçant votre notice biographique (*Biographie des Hommes du jour*, tome 1er, *seconde partie, page 300*), nous avons dit : *Pendant la campagne d'Italie il fut chargé d'une mission spéciale auprès du roi de Sardaigne, et parvint à déterminer l'abdication de ce prince, mais sut si bien allier la condescendance envers le roi et sa famille (2), avec ce que ses fonctions*

(1) La *Gazette d'Augsbourg* s'est déjà en partie chargée de ce soin ; l'on doit regretter qu'elle n'ait pas appuyé ses dénégations de pièces officielles qu'il eût été si facile à ses rédacteurs de se procurer.

(2) Nous avons à notre disposition un document *écrit de la main de M. l'adjudant général Clauzel*, duquel il résulte, que chargé d'assurer le départ du roi, il avait composé son escorte d'honneur de *quatre-vingts chevaux, divisés pour quatre convois de vingt chevaux chacun, devant partir de neuf à onze heures, et commandés chacun par un capitaine, et en outre par un chef d'escadron pour celui qui serait avec le roi.*

Les convois devaient partir de neuf à onze heures, de demi-heure en demi-heure.

exigeaient d'énergie, que le monarque, désireux de lui témoigner sa reconnaissance, lui envoya, avec une lettre des plus flatteuses, un tableau capital de sa galerie (la Femme hydropique de Gérard Dow, etc.) Nous reconnaissons donc, Monsieur le Maréchal, le service signalé dont dans cette circonstance l'armée française vous fut redevable, et nous rendons justice à votre habileté diplomatique ; mais équitables envers tous, écrivains consciencieux et impartiaux, nous devons attribuer à chacun ce qui lui revient d'éloges dans l'accomplissement d'un devoir périlleux ou difficile, et dans la conception *d'une pensée diplomatique,* dont la réalisation pouvait avoir de si heureuses conséquences pour la gloire de nos armes ; aussi dans la notice consacrée au maréchal Grouchy, avons-nous dit :

« L'armée d'Angleterre ayant été dissoute, une des divisions de celle de Mayence fut donnée au général Grouchy ; elle avait alors pour chef Joubert, avec lequel une complète similitude d'opinions politiques ne tarda pas à le lier. Joubert, ayant été appelé au commandement de l'armée d'Italie, demanda et obtint que le général Grouchy y passât aussi.

« Une nouvelle coalition menaçait alors la république : Les Russes descendaient du Nord sans dissimuler leurs projets, les intentions des Autrichiens n'étaient plus douteuses, et tout annonçait que le roi de Sardaigne seconderait les efforts des ennemis de la France ; l'armée d'Italie était donc à la veille d'être simultanément attaquée sur l'Adige par les Russes et les Autrichiens, et sur ses derrières par les Piémontais. Elle allait être placée entre deux feux, et ses communications avec la France coupées.

« Joubert, sentant tout le danger d'une telle position, résolut d'envahir le Piémont avant que les Austro-Russes fussent en mesure de l'aborder sur son front. La guerre n'était point encore déclarée, il est vrai, mais elle était imminente, et il ne restait pas assez de temps pour demander et recevoir des instructions du Directoire; la gravité des circonstances légitimant l'adoption immédiate d'une mesure qui pouvait seule sauver l'armée, Joubert se détermina à essayer la voie des négociations et à l'appuyer de l'appareil des armes. Il disposa l'armée de manière à pouvoir envahir le Piémont, chargea en même temps le général Grouchy, qu'il avait rendu dépositaire de toutes ses anxiétés, de se rendre secrètement à Turin, et de prendre tous les moyens qu'il jugerait propres à assurer les garanties de sécurité indispensables au salut de l'armée. Des instructions verbales, et qui lui laissaient carte blanche, appelaient sur le général Grouchy une immense responsabilité; l'intérêt de la patrie lui en fit braver les dangers : il vole à Turin, rassemble près de lui les patriotes piémontais persécutés depuis long-temps, ranime leur zèle et leurs espérances en leur promettant son appui, convertit les entours de la citadelle en un vaste camp retranché, fait construire des fourneaux à rougir les boulets, menace la ville, effraie le roi par le fantôme des dangers personnels qu'il aura à courir, si une révolution, que les mesures oppressives de son gouvernement ont rendue imminente, vient à éclater, et faisant jouer près des courtisans ces secrets ressorts toujours puissants sur cette classe d'hommes, il parvient, par l'intermédiaire du comte de Saint-Marsan, ministre et favori de Charles-Emmanuel, à déterminer ce prince à abdiquer la couronne, à se retirer en Sardaigne, à remettre aux Français le Piémont, toutes les places fortes dont il était alors hérissé, les magasins qu'elles renferment, et à ordonner à l'armée piémontaise de se ranger sous les drapeaux républicains. Joubert, qui n'avait pas osé espérer un si prompt et si complet résultat, s'avançait avec son armée, lorsque le général Grouchy lui annonça le succès d'une négociation dont les incalculables avantages n'eussent probablement pas été obtenus sans de nombreux et sanglants combats.

« Appréciant l'étendue du service rendu par le général Grouchy, Joubert lui donne le commandement en chef du Piémont. Le Directoire, auquel le traité d'abdication est porté par le général, chef d'état-major du général Grouchy, confirme cette nomination et charge le général de l'organisation du Piémont. Il eut bientôt à y déployer tour à tour les talents d'un militaire instruit et d'un administrateur sage et éclairé. L'effervescence d'une population qui, long-temps comprimée, cherchait à franchir les bornes d'une liberté légale, fut calmée : aucune de ces sanglantes convulsions qui toujours accompagnent la transition d'une forme de gouvernement à une autre n'eurent lieu, et il comprima toutes les insurrections fomentées par les partisans de Charles-Emmanuel. L'agriculture et les arts ne furent point étrangers à ses sollicitudes. L'université de Turin, fermée par le gouvernement royal, fut rouverte, la religion et ses ministres se virent protégés et respectés, des mesures justement sévères arrêtèrent le cours des assassinats si fréquents dans cette partie de l'Italie ; enfin ses formes conciliantes, son désintéressement et l'ensemble de sa conduite firent respecter le nom français et désirer le lien qui, plus tard et pour trop peu de temps, unit le Piémont à la France. »

Ce passage de la notice du maréchal Grouchy n'est point resté inaperçu, et le journal *la Presse*, après avoir lu votre apologie dans la dernière brochure (*vos explications*) que vous avez publiée, s'est-il empressé de mettre en opposition vos paroles et les nôtres dans l'article suivant (14 avril) :

« Le maréchal Clauzel établit dans sa brochure, page 109, qu'il fut chargé de l'abdication du roi de Sardaigne ; cependant nous trouvons dans la *Biographie des Hommes du jour*, article Grouchy, que cette mission fut donnée au général Grouchy, et qu'il s'en acquitta avec une habileté qui lui valut les éloges du général en chef Joubert, ainsi que le commandement du Piémont. L'auteur de la notice, qui paraît bien informé, ajoute que le Directoire confirma ces éloges et ce commandement, et ne dit pas un mot du général Clauzel. Il reste donc à savoir si le général Grouchy avait délégué ses pouvoirs au général Clauzel pour cette négociation délicate, et si dans toute cette affaire il n'a été qu'un prête-nom. C'est au maréchal Grouchy à nous apprendre jusqu'à quel point on peut compter sur l'exactitude de la *Biographie des Hommes du jour.* »

Vous n'avez pas cru, Monsieur le Maréchal, devoir laisser cet article sans réponse, et vous vous êtes hâté de donner en quelque sorte un *démenti officiel* à notre appréciation de la conduite de votre ancien chef le général Grouchy, en envoyant au rédacteur en chef de *la Presse* une note qu'il reproduisit en ces termes dans son numéro du 22 avril :

« M. le maréchal Clauzel nous transmet les renseignements suivants sur un fait contenu dans *la Presse* du 14 avril :

« Le général en chef Joubert, commandant l'armée d'Italie,
« envoya par l'adjudant général Clauzel l'ordre au lieutenant
« général Grouchy de s'emparer du gouvernement du Piémont.
« Le lieutenant général Grouchy, commandant à Turin, chargea
« l'adjudant général Clauzel de demander au roi de Sardaigne
« la remise de toutes les places fortes et le commandement de
« toutes les troupes piémontaises.

« L'adjudant général Clauzel obtint l'abdication pure et sim-
« ple, et par conséquent tout le Piémont, après une négociation
« qui dura vingt-quatre heures, en présence du roi, et souvent
« de son frère le duc d'Aoste.

« La négociation eut lieu entre l'adjudant général Clauzel et
« MM. le comte de Saint-Marsan et de Saint-Germain; l'abdication
« fut signée par l'adjudant général Clauzel. L'adjudant général
« Clauzel ne fut pas un prête-nom, car il avait tout pouvoir, et
« il en usait comme il l'entendait, c'est-à-dire suivant les intérêts
« de l'armée française. »

Me voilà donc, Monsieur le Maréchal, et à mon
grand regret, forcé d'entrer en lice avec vous; je
dois défendre la vérité de nos assertions, la prouver;
vous m'avez fait un devoir tout à la fois pénible et
facile; je saurai le remplir....... Vous en avez appelé
à l'opinion publique; que l'opinion publique, reli-
gieusement éclairée, prononce entre nous. Je serai
sobre de réflexions, je puiserai toute ma force dans
les pièces OFFICIELLES que je vais reproduire.

Et d'abord, Monsieur le Maréchal, vous reconnaissez avec nous que le général Grouchy était investi du commandement de la place et citadelle de Turin (*pièces justificatives A*), mais vous négligez de dire que vous fûtes dans cette circonstance son chef d'état-major ; j'ai cependant sous les yeux plusieurs pièces officielles signées **E. Grouchy**, et contresignées *l'adjudant général, chef de l'état-major de la division du Piémont*, BERTRAND CLAUZEL. Ces pièces sont sous la date de frimaire an VII.

Vous paraissez, Monsieur le Maréchal, vous attribuer l'idée première de l'abdication du roi Charles-Emmanuel IV, alors, dites-vous *que vous n'auriez été chargé par le général Grouchy que de demander au roi de Sardaigne la remise de toutes les places fortes et le commandement de toutes les troupes piémontaises;* vos souvenirs vous abusent étrangement, Monsieur le Maréchal, mais il m'est facile de les rectifier en mettant sous vos yeux la copie de deux lettres *officielles* du général Suchet, dont je tiens les originaux à votre disposition.

Au quartier général de Milan, le 13 frimaire an VII de la République française, une et indivisible.

SUCHET, GÉNÉRAL DE BRIGADE, CHEF DE L'ÉTAT-MAJOR GÉNÉRAL, AU GÉNÉRAL DE DIVISION GROUCHY, COMMANDANT LA CITADELLE DE TURIN.

Le général en chef, mon cher général, me charge de vous prévenir que l'instant est venu de punir une cour perfide ; comme vous le verrez par la proclamation que je vous remets cy-joint, le gouvernement français a décidé que l'armée d'Italie concourrait à assurer la tranquillité et le bonheur en Piémont.

En conséquence, le général en chef me charge de vous ordonner de faire partir, le 15 frimaire, 300 hommes de la citadelle de Turin, comme s'ils devaient venir à Milan, en marchant avec une route ; ils coucheront à Chivasco, et le lendemain ils s'en empareront, en s'assurant soigneusement de la garnison, que vous pourrez laisser armée suivant ses bonnes dispositions. Il importe que vous donniez le commandement de cette troupe à un officier intelligent, qui réunira les détachements français qui pourraient s'y trouver de passage, et les retiendra avec lui.

Dans la nuit du 16, vous ferez entrer dans la citadelle le ministre de France, le ministre Cisalpin, ainsi que tous les Français et ceux de leur suite qui pourraient le désirer. Vous attendrez dans cet état l'arrivée de l'armée française. Tous ces mouvements doivent s'exécuter avec précision et le plus grand secret. Vous vous ménagerez des correspondances dans la ville pour savoir à quoi la cour se décide, et vous aurez soin de faire parvenir au général en chef tous les courriers que le roi de Sardaigne pourra lui adresser.

Bonheur et salut.
L. G. SUCHET.

A cette lettre était jointe la note suivante, adressée au général Grouchy, et que nous croyons devoir aussi reproduire, parce qu'elle prouve combien était arrêté dans l'esprit de Joubert le projet d'intimider le roi de Sardaigne et de l'amener ainsi volontairement à abdiquer.

ARMÉE D'ITALIE.

ÉTAT - MAJOR - GÉNÉRAL.

*Au quartier général de   an VII de la République
française, une et indivisible.*

SUCHET, GÉNÉRAL DE BRIGADE, CHEF DE L'ÉTAT-MAJOR GÉNÉRAL.
ÉTAT DES PLACES FORTES OU IL FAUT GARNISON.

Suze. — Fenestrel. — Cony. — Céra. — Alexandrie. — Tortone. — Novarre. — Arone. — Ivrée. — Valence.

Places à tenir garnison lorsqu'il y aura assez de troupes.

Véra. — Pignerole. — Carmagnole. — Mondovi. — Asti. — Seravale. — Voghera. — Aost. — Casal. — Savillan. — Acqui.

Au quartier général de Milan, 11 Brumaire an VII de la République française, une et indivisible.

SUCHET, GÉNÉRAL DE BRIGADE, CHEF DE L'ÉTAT-MAJOR GÉNÉRAL,
AU GÉNÉRAL DE DIVISION GROUCHY, A TURIN.

L'intention du général en chef est, mon cher général, qu'au reçu de cette lettre, vous preniez le commandement de la citadelle de Turin et que vous remettiez au général Menard l'ordre de se rendre ici, que vous avez pour lui.

Outre les renseignements qu'il vous donnera, tâchez d'en acquérir qui puissent nous servir dans les circonstances où nous nous trouvons. Le commissaire des guerres Guillon et l'officier du génie employé à la citadelle méritent toute votre confiance et pourront vous être d'un grand secours.—Ne négligez pas non plus de tirer de l'espionnage tout le parti qu'il vous sera possible. Je vous fais passer ci-joint une ordonnance de 2,400 francs pour en payer les dépenses : S'il en entraîne de plus fortes, j'y pourvoirai également.

Voici une idée qui me paraît, ainsi qu'au général en chef, de la plus sérieuse importance. Ne serait-il pas possible, au premier mouvement de nos troupes, de gagner le confesseur du roi et de l'engager à déterminer son pénitent à abdiquer. Ce seul acte de Sa Majesté opérerait la révolution, et vous sentez combien il est essentiel, dans la position où nous nous trouvons, que l'expédition projetée ne rencontre pas d'obstacle, et soit promptement terminée.—Il faudrait que l'acte d'abdication portât ordre aux Piémontais et à l'armée de se tenir tranquilles et d'obéir au gouvernement provisoire : sans cela il ne ferait qu'inviter le peuple à la révolte.

Donnez toute votre attention à ce projet. Conférez-en avec l'ambassadeur et le citoyen Matéra (dit Vilbrun). Deux ou trois cents mille livres, et plus, s'il le faut, seront mis à votre disposition à cet effet.

Salut et fraternité.

L. G. SUCHET.

Il résulte clairement de ces deux lettres, Monsieur le Maréchal, d'abord, que l'idée première de l'abdication n'est point de vous, secondement que le général Joubert chargea le général Grouchy de mener cette entreprise à fin, soit militairement, soit diplomatiquement, et que pour en assurer la réussite ce fut au général Grouchy et non à vous qu'il ouvrit un crédit de 300,000 fr. et plus ; d'où il est permis de conclure logiquement, en faisant coïncider cette version *officielle* avec la vôtre : 1° que vous fûtes en votre qualité de chef d'état-major chargé de porter au général Grouchy les instructions du général Joubert ; et 2° chargé par le général Grouchy de suivre ces négociations qu'il avait entamées de sa personne, mais qu'il ne pouvait, vu sa position de commandant de la citadelle, terminer lui-même.

Le choix que M. le général Grouchy fit de vous prouve la confiance que vous aviez su inspirer à vos supérieurs, et était légitimé par les fonctions que vous aviez remplies en Espagne en qualité d'officier attaché à l'ambassade du général Pérignon.

Je dois maintenant, Monsieur le Maréchal, vous prouver que vos souvenirs sont encore erronnés, lorsque vous dites *que vous aviez tout pouvoir et que vous en usiez comme vous l'entendiez*. S'il en était ainsi, votre modestie était grande, car à la suite des premières ouvertures verbales que vous eûtes avec M. de Saint-Marsan et le roi, vos propositions ayant été repoussées, vous vîntes prendre de nouvelles instructions du général Grouchy, et ne stipulâtes avec le roi Charles-Emmanuel IV, les arrangements relatifs à son abdication et à son départ, qu'après les avoir fait agréer par votre chef. Je suis encore cette fois, Monsieur le Maréchal, à même de venir en aide à votre mémoire, en mettant sous vos yeux 1° les bases des ouvertures verbales (1); 2° le premier projet d'abdication qui ne fut point accepté, 3° les arrangements qui furent stipulés par vous avec le roi (*voir les pièces justificatives B*).

Le général Grouchy rendit justice à votre conduite, car je lis dans le rapport officiel qu'il adressa au général Joubert, et que celui-ci envoya au Directoire : « Il (le roi) m'a fait faire les premières ouver- « tures ce matin, et l'adjudant général Clauzel vous « porte leur résultat qu'il a reçu ce soir *des mains* « *du ministre de la guerre*, chez lequel on m'a in- « vité à le faire prendre.

« Les détails des moyens que j'ai employés et des

___

(1) Ces bases des ouvertures verbales furent communiquées au général Joubert, sous la date du 17 frimaire, par le général Grouchy dans une dépêche, et ainsi adnotées : « Tout ceci a été dit « verbalement, de sorte que je puis toujours être désavoué « et que vous seul réglerez ce que vous voudrez qui soit. »

Le lendemain 18, à minuit, le général Grouchy envoyait une autre dépêche commençant par ces mots : « Je suis enfin par- « venu à me ménager des intelligences telles que le roi s'est dé- « terminé à la démarche de l'abdication et à donner l'ordre aux « Piémontais et à l'armée d'obéir à un gouvernement provi- « soire français et à vous comme à lui-même. »

« difficultés de tout genre que j'ai eu à vaincre vous
« seront transmis par mon adjudant général, qui
« dans cette étonnante occurrence m'a secondé avec
« ce zèle, cette énergie et ce dévouement qui n'ap-
« partiennent qu'à un homme doué de talents au-
« tant que de républicanisme. »

Comment seriez-vous en droit de qualifier cette phrase (dont je vous mettrai à même, si vous le désirez, de vérifier l'authenticité), si vos assertions étaient positives ? Mais ce document n'est pas le seul que je possède : veuillez jeter les yeux sur la pièce justificative C, et vous verrez en quels termes votre général, écrivant confidentiellement au directeur Barras, rend compte de toute cette intrigue diplomatique, tout en vous donnant les justes éloges que vous méritiez (1) pour la part que vous y aviez prise en exécutant ses instructions.

(1) Je saisis cette occasion de déclarer de la manière la plus absolue que M. Saint-Edme et moi ne faisons usage pour la rédaction de la *Biographie des Hommes du Jour* que des documents dont l'officialité ne peut être contestée, et qu'avant de nous prononcer sur un fait de notre histoire contemporaine, nous remontons à toutes les sources authentiques. De bienveillantes confidences nous ont été faites, de nombreux portefeuilles, des mémoires inédits, des correspondances secrètes ont été mis à notre disposition. Nous sommes dès-lors à même de nous prononcer avec certitude sur les points les plus contestables, car

Lisez aussi, Monsieur le Maréchal, la pièce justificative D, et vous devrez comprendre combien vos assertions exprimées en termes si nets et si positifs ont dû me paraître tout au moins étranges. Je crois devoir reproduire cette pièce TEXTUELLEMENT, afin que vous soyez à même, ainsi que mes lecteurs, d'apprécier la coïncidence des rapports de M. le général Grouchy et du récit de l'agent du roi Charles-Emmanuel IV, afin surtout que vous puissiez répondre à cette déclaration : UNE SEULE FOIS IL Y EUT DE L'OPPOSITION (*voir les pièces justificatives* D, *b* I *et b* II). COMME IL ÉTAIT IMPORTANT, NOUS RETOURNAMES A LA CITADELLE, LE CITOYEN CLAUZEL ET MOI, POUR EN AVOIR UNE EXPLICATION AVEC LE GÉNÉRAL.......... Il m'a été impossible, Monsieur le Maréchal, de conclure logiquement de cette phrase : *Que vous aviez tout pouvoir et que vous en usiez comme vous l'entendiez.*

Peut-être, Monsieur le Maréchal, soupçonnerez-vous le général divisionnaire et l'avocat Bertoliati de connivence ; mais ils ne seront pas les seuls sur qui devront porter vos accusations ; Suchet, Joubert, le Directoire, et avec eux le *Moniteur*, reconnaissent à l'envi le service rendu par le gé

les appréciations les plus diverses ne peuvent détruire la puissance et la vérité des faits.

néral Grouchy , et le Directoire exécutif charge Joubert de lui témoigner sa satisfaction. Si vous pouviez lire dans le registre de correspondances de Joubert , vous y trouveriez la lettre suivante :

Au quartier général de Turin, 7 nivôse an |VII.

JOUBERT, GÉNÉRAL EN CHEF, AU GÉNÉRAL DIVISIONNAIRE GROUCHY.

« Le Directoir exécutif, citoyen général, m'a chargé de vous témoigner sa satisfaction pour la conduite que vous avez tenue dans l'expédition du Piémont; je vous répète avec plaisir ses expressions : « L'éloge que vous « faites de la conduite du général Grouchy *dans cette affaire délicate* a fait « penser au Directoire exécutif que vous vous chargeriez avec plaisir de lui en « témoigner toute sa satisfaction. »

« Salut et fraternité ,

« JOUBERT. »

Honoré de cette lettre, le général Grouchy se hâta d'en témoigner sa gratitude au Directoire en ces termes :

9 nivôse.

« Le général en chef Joubert m'a transmis, citoyens directeurs, les témoignages de satisfaction que vous avez bien voulu donner à la conduite que j'ai tenue pendant l'expédition du Piémont , et à la part que j'ai eue à la révolution qui s'y est opérée.

« Heureux d'avoir rempli mon devoir dans les circonstances délicates où JE ME SUIS TROUVÉ PLACÉ, je vous prie de croire

que mon unique ambition est d'acquérir des titres plus réels
à la reconnaissance nationale, et d'être compté par vous au
nombre de ceux qui sont dévoués tout entiers à la cause de la
liberté.

« PERMETTEZ , CITOYENS DIRECTEURS, QUE JE VOUS DÉSIGNE
L'ADJUDANT GÉNÉRAL CLAUZEL COMME M'AYANT PARFAITEMENT SE-
CONDÉ DANS TOUTES MES OPÉRATIONS.

« E. GROUCHY. »

Il me semble, Monsieur le Maréchal, que je puis
induire de toutes les pièces que j'ai reproduites, et
cela sans craindre d'être taxé de partialité, que dans
toute cette affaire de l'abdication du roi de Sardaigne
vous ne fûtes qu'agent secondaire ; mais je n'aurais
remporté sur vous qu'une demi-victoire si je ne vous
prouvais que *la cour, la ville et la province* considé-
rèrent le général Grouchy comme le moteur principal de cette négociation, et que c'est à lui spéciale-
ment que doit revenir l'honneur de cet acte politique
qui amena la réunion à la France des provinces
soumises au roi Charles-Emmanuel IV ; et en effet,
ce prince a-t-il à correspondre avec le général Joubert ? c'est au général Grouchy qu'il s'adresse ; veut-il
obtenir que l'escorte que vous lui avez octroyée lui
soit conservée ? c'est au général Grouchy qu'il fait
écrire par l'un de ses écuyers (*pièces justificatives* E) ;
comme c'est au général Grouchy qu'il a fait, quel-

ques jours avant (*pièces justificatives* F), témoigner *sa reconnaissance pour ses attentions*, et offrir quelques chevaux (neuf) de luxe. Vous savez, Monsieur le Maréchal, que le général divisionnaire n'accapara point ces chevaux, dont deux entrèrent dans vos écuries. Le général Alix, l'adjudant d'état-major Chevalier, et l'officier de génie Henry, eurent aussi leur part de ce cadeau, si je dois ajouter foi à un rapport adressé le 23 frimaire an VII, au général Joubert, dans lequel le général Grouchy s'exprime en ces termes : « Vous n'ignorez pas la part que ces officiers ont eue à la révolution de Piémont ; leurs services sont de nature à être reconnus. »

La cour donc considérait le général Grouchy comme le principal personnage dans toute cette affaire. Il en était ainsi du peuple ; car si les habitants de *Pinerol*, *impatients d'être réunis à la république mère*, veulent hâter ce moment, c'est au RÉGÉNÉRATEUR DU PIÉMONT qu'ils adressent leur supplique (*voir le registre des délibérations du conseil de la province et ville de Pinerol, 29 ventôse an VII*) (1) ; c'est

(1) Dans cette supplique couverte de plus de trois cents signatures, et que nous croyons inutile de reproduire, les habitants de Pinerol donnent plusieurs fois au général Grouchy le titre de *régénérateur du Piémont*, et ils reconnaissent que c'est lui qui *a rompu le sceptre de fer sous lequel ils gémissaient enchaînés*.

à lui aussi que les députés de Verceil (16 germinal an VII) témoignent leur gratitude *pour les soins qu'il a eu la bonté de prendre,* en lui offrant *une paire de pistolets d'arçon et une caissette contenant mille pièces de vingt-quatre livres de Piémont ;* double souvenir que le général Grouchy refusa avec dignité (*voir le registre des délibérations du conseil de la municipalité de Verceil,* dans lequel sont consignés la délibération du conseil et le refus du général Grouchy). C'est au général Grouchy que le gouvernement provisoire piémontais s'adresse dans toutes les circonstances graves (*voir le registre de ses délibérations,* **28** *pluviôse,* 16 *nivôse,* 9 *et* 14 *ventôse an VII,* etc., etc.) C'est enfin lui que le général Joubert chargea d'installer ce gouvernement provisoire par l'arrêté suivant :

Au quartier général, à Turin, le **21** *frimaire an VII de la République française.*

JOUBERT, GÉNÉRAL EN CHEF.

Il est ordonné au général divisionnaire Grouchy de faire installer dans le jour les membres du gouvernement provisoire que j'ai donné au Piémont. Il se concertera à cet effet avec l'ambassadeur de la république française, afin de donner à cette cérémonie toute la solennité capable d'inspirer le respect et les sentiments de la liberté.

JOUBERT.

C'est le général Grouchy enfin, et lui seul que tous les documents officiels ou privés de l'époque nous désignent comme l'âme de cette importante négociation, dans laquelle votre rôle fut assez heureusement et habilement rempli pour que vous n'ayez rien à envier à la gloire de votre chef.

Je pourrais, Monsieur le Maréchal, multiplier mes preuves, et puiser à pleines mains dans les divers registres de correspondance qui sont à ma disposition ; je pourrais faire ressortir la vérité phrase à phrase des rapports du général Grouchy et de celui de l'avocat Bertoliati ; mais à quoi bon? Leur simple lecture suffit ; et n'ai-je pas suffisamment établi d'abord que, trompé par vos souvenirs, vous vous êtes attribué une gloire qui ne vous était pas personnelle, et secondement, que nous n'avions puisé qu'à des sources sûres les renseigements à l'aide desquels nous avons tracé la notice biographique du maréchal Grouchy, et qu'en toute circonstance nous serons prêts à justifier de la véracité de nos paroles et nos écrits.

Tel était mon but.

Le lecteur impartial peut maintenant prononcer entre nous avec connaissance de cause. Que doit-il croire, ou de vos assertions contenues dans le numéro de *la Presse* du 22 avril, ou de notre appréciation de la conduite du général Grouchy en Piémont?

Je regrette vivement, Monsieur le Maréchal, d'être venu ajouter *à vos tristesses;* car je suis de ceux qui se passionnent pour la gloire et qui aiment à contempler *ces vieilles épées de combat qui n'ont ni or ni diamants à leur monture, et qui n'ont que du sang sur la lame :* le sang des ennemis de la France! Mais j'ai dû remplir un devoir que vous m'avez en quelque sorte créé, car moi aussi j'ai à faire respecter l'honneur de ma plume, mon épée de combat.

J'ai l'honneur, etc.

Germain SARRUT.

PIÈCES JUSTIFICATIVES.

(PIÈCE *A.*)

ARMÉE D'ITALIE.

ÉTAT-MAJOR GÉNÉRAL.

Au quartier général de la citadelle de Turin, le 19 frimaire, an VII de la République française, une et indivisible.

SUCHET, GÉNÉRAL DE BRIGADE, CHEF D'ÉTAT-MAJOR GÉNÉRAL.

« En conséquence des dispositions arrêtées par le général en chef ;

« Il est ordonné au général de division Grouchy de prendre sur-le-champ le commandement de la place et citadelle de Turin.

« Il recevra dans la journée de demain les instructions relatives au commandement qui lui est confié.

« Le général SUCHET. »

(PIÈCE *B.*)

BASES DES OUVERTURES VERBALES.

« Que le roi ordonne à l'armée piémontaise d'obéir au général en chef de l'armée d'Italie, de se regarder comme partie intégrante de cette armée, et de se porter à l'instant partout où pourra ordonner son chef ;

« Que le roi renonce momentanément à l'exercice de tout pouvoir, et qu'il ordonne à tous ses sujets d'obéir au gouvernement provisoire établi par les Français ;

Que le roi renvoie sur-le-champ tous ses ministres et dissolve son conseil qui, par une suite de temporisations et de mesures insidieuses et perfides, a forcé la grande nation à regarder le gouvernement Sarde comme servant les projets de la coalition que l'Angleterre cherche à reformer, et dont le but est de rallumer, malgré le Directoire, la guerre continentale. »

<h2 style="text-align:center">(PIÈCE B 1.)</h2>

PREMIER PROJET D'ABDICATION QUI N'AYANT PU PASSER FUT REMPLACÉ PAR CELUI QUE NOUS REPRODUISONS PLUS BAS SOUS LE Nº B II.

Sa Majesté éclairée par la proclamation et la marche du général en chef de l'armée d'Italie, et reconnaissant que ses ministres ont abusé de son nom pour l'entretenir dans des mesures qui devaient faire croire au Directoire exécutif qu'elle partageait les projets des puissances qui cherchent à rallumer la guerre continentale, s'est déterminée à donner à l'Europe un exemple mémorable de dévouement au bonheur des peuples et à la nation française, une irrévocable preuve de son attachement personnel.

En conséquence elle déclare renoncer momentanément à l'exercice de tout pouvoir, et elle ordonne à tous ses sujets, quels qu'ils puissent être, d'obéir au gouvernement provisoire qui va être établi par les Français.

Elle ordonne à l'armée piémontaise d'obéir au général en chef de l'armée d'Italie comme à elle-même, et de se regarder comme partie intégrante de l'armée française.

Sa Majesté désavoue les proclamations dernièrement répandues par ses ministres, dissout son conseil, et ordonne au duc d'Aost de se rendre à la citadelle de Turin comme un garant de sa foi et de sa ferme intention qu'aucun recours quelconque ne puisse être porté contre le présent acte émané de sa volonté propre.

(PIÈCE *B* 2.)

ARRANGEMENT STIPULÉ AVEC LE ROI PAR L'ADJUDANT GÉNÉRAL CLAUZEL, LE 7 DÉCEMBRE 1798. (1)

Sa Majesté déclare renoncer à l'exercice de tout pouvoir, et elle ordonne à tous ses sujets, quels qu'ils puissent être, d'obéir au gouvernement provisoire qui va être établi par le général français.

Elle ordonnera à l'armée piémontaise de se regarder comme partie intégrante de l'armée française en Italie, et d'obéir à son général en chef comme à elle-même.

Sa Majesté désavouera la publication de la proclamation répandue par son ministre, et ordonne à M. le chevalier Damian de se rendre à la citadelle de Turin, comme garant de sa foi et de sa ferme intention qu'aucun recours quelconque ne puisse être porté contre le présent acte émané de sa volonté propre.

Sa Majesté donne des ordres pour que les régiments piémontais et autres qui sont entrés dans Turin pendant les trois derniers jours, en sortent dès demain 8 décembre, 18 frimaire.

Sa Majesté ordonnera au gouverneur de la ville de Turin de recevoir et de faire exécuter exactement tous les ordres que le général français commandant la citadelle jugera à propos de lui donner pour le maintien de la tranquillité publique.

Il ne sera rien changé à tout ce qui a rapport au culte catholique et à la sûreté des individus et des propriétés.

Les Piémontais qui voudront transporter leur domicile ailleurs, auront la faculté de sortir avec leurs effets, mobiliers, dument constatés, de vendre et de liquider leurs biens et créances pour en exporter le prix.

Les Piémontais absents pourront librement revenir en Piémont et y jouir des mêmes droits dont jouiront leurs concitoyens.

Les Piémontais ne pourront être sous aucun prétexte accusés ni recherchés pour propos, écrits et faits relatifs à la politique, qui auraient eu lieu antérieurement au présent acte.

Le roi et toute la famille royale auront le terme de   pour se transporter à

En attendant il ne sera rien changé aux dispositions qui regardent la sûreté de sa personne et de ses habitations.

(1) Nous copions textuellement sur la pièce qui fut apportée au général Joubert par l'adjudant général Clauzel lui-même.

Ses palais et ses maisons de campagne ne seront habités par personne ; rien n'y sera distrait de ce qui y existe, et la garde continuera à être confiée aux personnes qui y sont maintenant employées.

Les passeports et les sûretés nécessaires seront fournis à Sa Majesté et à toute la famille royale pour la sûreté du voyage.

On règlera ce qui a rapport à l'entretien de la maison du roi et de sa famille. On règlera aussi tout ce qui aura rapport à la famille du prince de Carignan et à sa sûreté.

Toutes les dispositions contenues dans les articles ci-dessus n'auront lieu QU'APRÈS QUE LE GÉNÉRAL EN CHEF LES AURA SANCTION-NÉES et en aura remis un double signé par lui à Sa Majesté. (1)

Fait à Turin, le 7 décembre 1798.

Signé C. EMMANUEL.

Je garantis que je ne porterai aucun empêchement à l'exécution du présent acte.

Signé VICTOR EMMANUEL.

Pour copie conforme :

EMM. GROUCHY,
Général de division commandant la Citadelle.

(PIECE C.)

RAPPORT SECRET SUR L'ABDICATION DU ROI DE SARDAIGNE,
APPORTÉ PAR L'AIDE DE CAMP FOUGEROUX.

Le général en chef Joubert, ayant appris pendant sa tournée des divisions et des places de la Cisalpine, que les Napolitains avaient attaqué l'armée française de Rome, et sachant que les intentions du roi de Sardaigne devenaient chaque jour de plus en plus douteuses, sentit fortement la nécessité de prendre à l'instant des mesures décisives pour empêcher que son armée ne se trouvât, si les Autrichiens rompaient le traité de *Campo-Formio*, dans la position critique d'être attaquée par eux sur la ligne de l'*Adige* et de l'*Adda*, tandis qu'elle serait coupée sur ses derrières par ces mêmes Autrichiens descendant du pays des Grisons et se réunissant aux Piémontais.

Il se détermina donc à envoyer son adjudant général *Musnier* porter

---

(1) Que faut-il penser de ces phrases ? *L'adjudant général Clauzel avait tout pouvoir.—L'abdication fut signée par l'adjudant-général Clauzel (Presse* 22 avril).

au roi une espèce d'*ultimatum* relatif au contingent de dix mille hommes à fournir, et à la remise aux Français de l'arsenal de Turin ; résolu, si les réponses étaient évasives, à marcher sur cette ville avec toute son armée afin de forcer le roi à se prononcer.

La citadelle de Turin était, depuis une couple de mois, occupée par les troupes françaises ; mais il paraissait convenable de changer quelques-uns des officiers qui y avaient été employés pendant le temps que des relations amicales existaient entre la République et le roi de Sardaigne, au moment où elles devaient se transformer en démonstrations hostiles ; les mêmes hommes ne pouvaient convenir à des circontances si différentes.

En conséquence, le général Joubert me donna ordre, le 7 frimaire, de partir à l'instant de Milan et de venir prendre le commandement de la citadelle de Turin, qu'il regardait, me dit-il, comme devant être bientôt son avant-garde.

Il ne se trompa point ; le roi éluda de fournir à l'instant le contingent et de livrer l'arsenal ; le général en chef se détermina donc à marcher avec diverses colonnes afin de prendre des mesures propres à punir une cour perfide et qui jetait enfin le masque.

Je reçus l'injonction de mettre la citadelle de Turin dans l'état de défense le plus respectable ; il était intéressant de le faire, car une grande sécurité avait régné jusqu'à ce jour. Les espions piémontais circulaient librement dans la citadelle ; les moyens défensifs étaient négligés. J'eus infiniment à travailler pour rétablir l'ordre de manière à pouvoir répondre de l'état des choses ; j'y parvins cependant promptement, secondé comme je le fus par les officiers du génie, *Henry*, et de l'artillerie, *Alix*, dont le zèle et le dévouement égalaient le civisme.

En envoyant ses instructions, le général en chef me prescrivit de ne négliger aucun moyen d'avoir des intelligences à la cour, chez les ministres, dans la ville, afin d'être parfaitement au courant des projets et des déterminations que prendrait le gouvernement sarde.

Le général en chef ajoutait : « Ne serait-il pas possible, au premier mou-
« vement de nos troupes, de gagner le confesseur du roi et de l'engager à
« déterminer son pénitent à abdiquer. Ce seul acte de Sa Majesté opérerait la
« révolution, et vous sentez combien il est essentiel dans la position où nous
« nous trouvons que l'expédition projetée ne rencontre pas d'obstacles et
« soit promptement terminée ; il faudrait que l'acte d'abdication portât
« ordre aux Piémontais et à l'armée de se tenir tranquilles et d'obéir au gou-
« vernement provisoire ; sans cela il ne ferait qu'inviter le peuple à la révolte.
« Donnez toute votre attention à ce projet ; conférez-en avec l'ambassadeur
« et le citoyen Matera, dit Vilbrun..... Deux ou trois cent mille francs et
« plus s'il le faut seront mis à votre disposition à cet effet. »

Le premier objet, celui d'obtenir exactement des renseignements, me fut facile à atteindre ; en arrivant à Turin je m'étais caché pendant deux jours. Secrètement et uniquement occupé à sonder l'esprit public, à me ménager des intelligences et à me rapprocher de quelques patriotes d'autant plus disposés à nous seconder que, persécutés si odieusement et si long-temps, ils brûlaient de servir quiconque leur ferait entrevoir qu'il était possible que l'heure de la liberté sonnât bientôt pour tous les Piémontais.

Je travaillai dès-lors par eux et notamment par un individu tenant à la cour même, à me ménager un accès jusque auprès du roi.

De premières ouvertures lui furent faites , mais elles furent absolument infructueuses quant au grand but. Les résultats se bornèrent à obtenir d'exactes notions sur les moyens défensifs adoptés par le roi, tant dans Turin qu'au dehors.

Je rendis plus hostile l'attitude prise dans la citadelle. Le front qui regarde la ville fut hérissé de bouches à feu, et l'effroi commença à se manifester parmi les habitants ; la cour cependant était encore calme, ne prévoyant peut-être pas dans toute leur étendue les dangers qu'elle courait ; elle paraissait résolue à attendre les événements.

Le 13 le général en chef me marqua que le moment était enfin venu, qu'il allait agir et que je fisse entrer dans la citadelle tous les Français qui étaient en ville, l'ambassadeur Eimar et celui de la Cisalpine ; il était aussi d'un grand intérêt d'y introduire une foule d'objets qui manquaient encore à l'approvisionnement de la place ; il n'y existait point assez de provisions de bouche ni les projectiles nécessaires pour écraser et incendier Turin , si l'armée se trouvait contrainte de s'en emparer de vive force.

Avec autant d'adresse que de zèle, le chef de brigade Alix trompa jusqu'au dernier moment la défiance piémontaise , et de la poudre , des artifices, des boulets, furent versés de l'Arsenal et introduits dans la citadelle , alors même que la retraite de l'ambassadeur et des Français annonçait formellement que les hostilités étaient au moment de commencer.

Dans la nuit du 15, je donnais en exécution des ordres du général en chef celui d'attaquer *Chivasco*, et je fis partir de la citadelle une colonne destinée à emporter cette place : elle sortit si secrètement qu'on ignora également en ville et dans la citadelle sa direction et sa marche ; *Chivasco* fut enlevé avec habileté, la garnison fut faite prisonnière, et ses armes données à des conscrits qui se trouvant sur ce point contribuèrent à l'opération et débutèrent par un succès.

Nombre de Français et de patriotes piémontais étaient encore dans Turin ; il était instant d'assurer leur liberté et leur existence au moment d'une explosion dont les résultats pouvaient leur être funestes , étant sous la main de ministres vraiment perfides, et qui se montreraient d'autant plus cruels qu'ils étaient plus complétement déjoués.

L'intérêt dont il pouvait être pour le roi de correspondre avec le général en chef fut le prétexte d'une lettre que j'adressai au gouverneur de Turin ; j'insinuai que les mesures que je prenais étaient toutes de précaution ; j'annonçai que si par suite des circonstances, on attentait à la liberté d'un seul patriote français ou piémontais , j'incendierais à l'instant la ville et n'y laisserais pas pierre sur pierre ; cette lettre fut portée par l'adjudant général Clauzel, et remplit complétement mon objet : une proclamation du gouvernement Sarde en fut la suite. Il tranquillisa les habitants et assura le peuple que les Français étaient ses plus fidèles alliés, et qu'on ne devait rien craindre de leur part.

Cette proclamation s'affichait et se répandait au même moment que la cour recevait les nouvelles de la prise de Novarre, de Suze, de Chivasco, d'Alexandrie et du désarmement de nombre de ses troupes.

Il était impossible de donner subitement à l'esprit du peuple une direction entièrement opposée à celle imprimée en faveur des Français. L'opinion publique incertainisée commença à pencher de notre côté ; les troupes s'étonnèrent, et les mesures de la cour devinrent timides, embarrassées et conséquemment infructueuses.

Le lendemain le gouvernement fit publier une autre proclamation en sens contraire. Elle fut signée du ministre *Priocca*. C'est elle dont j'exigeai que le désaveu fût joint à l'acte d'abdication.

Le 16 le roi écrivit au général Joubert, qui était encore à Milan, une lettre dilatoire. Elle me fut apportée par un aide de camp du roi afin que je la fisse passer, ainsi que j'avais proposé de le faire dans ma lettre au gouverneur, écrite le matin.

Cette lettre me fut envoyée ouverte ; je la lus sur l'invitation qu'on m'en fit, et je saisis l'occasion pour faire assurer le roi qu'il était absolument inutile de recourir à des voies temporisatrices ; que je ne demandais pas mieux de faire passer la lettre ; mais que je devais faire connaître tous les dangers auxquels s'exposait le roi, qu'il était trop tard pour prendre des demi-mesures, et qu'il n'y avait pas un moment à perdre pour qu'il adoptât un grand parti propre à garantir sa personne et sa famille ; ceci fut rapporté au roi, et la lettre envoyée au général en chef.

Le moment était venu de faire jouer à la fois tous les ressorts secrets que j'avais préparés : je les mis en mouvement, et bientôt un envoyé du roi m'arriva ; c'était l'avocat * * * homme à gagner : il le fut. D'autres personnes l'étaient également ; mais la grande difficulté était que les propositions émanassent toutes du roi, qu'il devinât ce qu'on voulait, que sa volonté seule le lui fît faire, et que rien d'écrit ne vînt de moi, afin que dans tous les cas je pussé être désavoué. Cette conduite était d'autant plus nécessaire que la guerre n'était point déclarée au roi de Sardaigne, qu'on ignorait le parti que prendrait le Directoire et le Corps législatif, et qu'il fallait agir de telle manière que l'acte du roi, paraissant volontaire, ne pùt pas réarmer l'Europe contre la République, et faire rompre le congrès de Rastadt. Je me bornai donc à redoubler l'effroi de l'envoyé, et je le fis sortir de la citadelle. Une demi-heure après on me le dépêcha de nouveau, je le renvoyai encore, à raison de la demande qu'il me fit de mettre par écrit les conditions que j'exigeais; toutefois j'insinuai ce qu'elles pourraient être, mais je défendis au député de revenir, ajoutant que c'était au roi à se retirer comme il le pourrait de la position où il s'était mis, que la République ne lui demandait rien; que son seul intérêt devait l'éclairer, que quant à moi, je serais certainement blâmé de celui que je pourrais lui porter.

Cependant mes autres agents cachés agissaient de tous côtés : diverses lettres avaient été remises, les membres de la famille royale et d'autres personnes puissantes avaient parlé. L'envoyé me revint, porteur, cette fois, d'ouvertures par écrit : je les rejetai bien loin, elles ne remplissaient point entièrement mes vues; puis j'annonçai l'arrivée des colonnes (dont cependant je n'avais encore aucune nouvelle), je donnai connaissance de la proclamation du général en chef du 15, en déclarant que le moment de la vengeance était venu, qu'il n'était aucune ressource pour le roi, que tout moyen d'évasion lui était interdit, que Turin était cerné de toutes parts, qu'enfin il était à peu près impossible que j'entendisse rien maintenant. Un quart d'heure après, l'envoyé reparut : le conseil du roi et toute sa famille étaient en permanence depuis le matin. Les individus puissants qui m'y servaient l'avaient emporté, les propositions qu'on m'envoyait touchaient le but : ON DEMANDAIT SEULEMENT UN OFFICIER POUR TRAITER, JE CHARGEAI MON ADJUDANT GÉNÉRAL CLAUZEL DE TERMINER CETTE IMPORTANTE NÉGOCIATION; mais je lui donnai ordre d'exiger avant tout, et comme préalable indispensable, que toutes les troupes qui avaient été introduites dans la ville depuis un mois en sortissent à l'instant, et que la garnison fût réduite au minimum de ce qu'elle est, dans les temps de paix la plus profonde.

En présence de Clauzel, le roi signa l'ordre et le fit porter aux divers corps. Huit bataillons, dont plusieurs arrivaient à marche forcée, sortirent sur-le-champ de la ville, et retournèrent aux points d'où ils avaient été tirés, pour venir défendre Turin. Après neuf heures de continuelles allées et venues du palais à la citadelle, et après de vifs débats, Clauzel, ainsi que je l'avais exigé, amena enfin le roi à signer tous les articles que je voulais, ainsi que je l'avais exigé. Ils furent consentis par le duc d'*Aost*, connu par sa haine pour nous, et capable de se mettre à la tête d'un parti; et le ministre Priocca, que je demandais comme otage , et comme un garant authentique du désaveu du roi, de la proclamation qu'il avait fait répandre en son nom, me fut envoyé à la citadelle. Je dépêchai alors Clauzel vers le général en chef , pour lui porter l'acte d'abdication. Il le rencontra à trois milles de Verceil. Les colonnes françaises se trouvaient à plus de douze lieues de Turin, quand le roi se détermina à abdiquer. Cet acte , que j'avais dicté, fut agréé à l'instant par le général en chef ; il surpassait ses espérances. De suite il se rendit à la citadelle où il arriva à une heure du matin : il signa ce traité que l'adjudant général Clauzel reporta au château pour l'échanger , et aussi pour régler ce qui était relatif au départ du roi, qui fut décidé pour neuf heures du soir.

Pendant que ceci se passait, et que Turin flottait dans l'incertitude et l'attente , je sortis de la citadelle à la tête d'une colonne de grenadiers et de chasseurs à cheval , à l'effet de m'emparer de l'arsenal; j'ordonnai aux troupes piémontaises, comme j'eusse ordonné à des soldats français, d'évacuer à l'instant tous les postes et de rentrer dans leurs quartiers ; j'avais fait traduire en italien et imprimer dans Turin même, par les soins hardis du capitaine du génie *Henri* , l'ordre du 16 qui déclarait les troupes piémontaises partie intégrante de l'armée républicaine ; cet ordre avait été distribué abondamment ; les troupes étaient ébranlées ; mon assurance les détermina ; elles rentrèrent dans leurs quartiers où je les consignai ; je m'emparai ainsi de l'arsenal qui fut mis en état de défense.

Peu de temps après, j'occupai de la même manière la porte Suzène , dont je pris possession avec une autre colonne. De là , presque seul, accompagné seulement du capitaine *Henri* et de quelques chasseurs à cheval , je me rendis en traversant toute la ville, et suivi d'une foule immense, à la porte du Pô, confiée aux volontaires de Turin, espèces de gardes nationales monarchiques. J'annonçai au nom du général en chef que je confiais cette porte de la ville aux braves volontaires de Turin, qu'ils seraient aussi chargés du maintien de la tranquillité dans l'intérieur, que je comptais sur leur loyauté et leur attachement pour les Français qui n'étaient pas faits pour être leurs ennemis. Cette marque de confiance produisit les plus heureux effets; elle circula de bouche en bouche, gagna les volontaires, et ce fut au milieu des cris de *vivent les Français*, *vive la liberté* , que je retournai à la citadelle rendre compte au général en chef de l'état des choses. Cependant le peuple commençait à se livrer ouvertement à la joie. Les espérances de paix et d'union succédaient aux plus vives alarmes, les patriotes exprimaient avec autant d'enthousiasme que d'énergie leurs élans vers la liberté. Comprimés si long-temps, ils achevèrent de se développer, lors de la publication de l'acte d'abdication que j'avais exigé que le roi fît publier et afficher dans la soirée. De toutes parts alors les cocardes nationales furent arborées, les arbres de la liberté s'élevèrent, le peuple se répandit dans les rues et manifesta la plus vive satisfaction. Ces mouvements populaires furent aussi pacifiques qu'unanimes. Aucun désordre n'eut lieu, et un si complet changement s'opéra sans en apporter aucun dans les relations commerciales, dans les transactions ordinaires de la société, et sans qu'aucune goutte de sang ait été versée.

Cependant il importait que les troupes fussent affermies dans les heureuses dispositions préparées par l'ordre du général en chef, en date du 16. Diverses mesures furent prises à cet effet; la plus décisive fut celle de faire ordonner par le roi lui-même, aux divers régiments qui étaient à Turin, de prendre la cocarde et de prêter le serment de fidélité à la République ; je le déterminai, avant son départ, à envoyer vers eux à cet effet les officiers de la couronne qui l'entouraient. Ils s'acquittèrent loyalement de cette mission. Dès le lendemain du départ du roi, tous les corps qui étaient dans Turin, même ceux de sa maison, m'apportèrent le serment de fidélité à la République et prirent la cocarde nationale.

D'après l'ordre du général en chef, je fis rassembler les volontaires de Turin le 21, et leur ordonnai de prendre le nom de garde nationale; je fis en outre recevoir un nouveau chef: l'allégresse des volontaires fut unanime, et me rappela les premiers beaux jours de notre révolution.

Le 22 le gouvernement provisoire fut installé, et cette cérémonie se passa de la manière la plus satisfaisante pour les amis de la liberté.

Aujourd'hui j'expédie dans les provinces des proclamations relatives aux événements, à l'armée piémontaise, à l'établissement du gouvernement provisoire et enfin à l'acte d'abdication du roi; des gardes du corps ont ambitionné d'être porteurs de cette dépêche ; et l'esprit du militaire piémontais est tellement francisé que j'ai dû regarder comme également sûr et politique de les charger de cette mission pour laquelle ils m'ont voté des remercîments.

Le général de division commandant le Piémont,
E. GROUCHY.

(PIÈCE D.)

AU CITOYEN EYMAR, COMMISSAIRE CIVIL DU DIRECTOIRE EXÉCUTIF.

Les circonstances présentes des affaires politiques, et la situation où je me trouve, me conseillent, citoyen Commissaire, à me rappeler à votre souvenir, en vous exposant la commission dont j'ai été chargé pour les intérêts communes de la France et de ma patrie, afin que vous puissiez juger par vous-même les égards que je puis avoir mérités. C'est pourquoi je vous invite de vouloir bien jeter un coup d'œil sur la relation que j'ai l'honneur de vous présenter. Je vous fais cette relation d'autant plus volontiers que je connais l'étendue de vos lumières, la délicatesse de vos sentiments, fondés sur la justice et appuyés d'une grandeur d'âme peu commune. Toutes ces considérations me sont un sûr garant que je trouverai en vous le personnage que je cherche ; je veux dire un protecteur puissant, juste et bienfaisant.

Quelques jours avant l'heureuse révolution du Piémont, ma patrie, j'eus, sur les dix heures du soir, la visite de deux personnes que je ne connaissais point du tout, voulant, me dirent-elles, avoir le plaisir de converser avec moi pour se procurer quelque éclaircissement sur un objet très-important. Leur discours roula sur les affaires du temps, sur la position du Piémont, et sur celle de Turin. Comme je n'ai jamais su trahir ma pensée, ni varier dans mes principes, je raisonnai avec elles comme j'ai toujours raisonné sur pareilles matières. Avant que de nous séparer, elles me dirent qu'elles étaient bien satisfaites de m'avoir connu à fond, et tel que je leur avais été dépeint, et qu'elles auraient le plaisir de me revoir ; visites que j'ai eues les soirées du lundi et du mercredi de la semaine de la révolution.

Le vendredi matin le bailli de Saint-Germain me fit appeler, et me dit en ces termes : Que le roi savait que mon nom était connu et écrit en citadelle ; qu'en conséquence il me priait d'y aller de sa part pour voir quelles étaient les intentions et les demandes du général français. Je jugeai à propos de voir le roi avant que de faire le premier pas ; il me répéta mot à mot ce que m'avait dit le bailli. Si je passe sous silence le peu d'instructions qu'il me donna sur la manière de laquelle je devais me comporter, étant de la plus grande inutilité pour le fond de la chose, je vous observerai, cependant, qu'avant d'obéir, je pris à part le bailli et lui protestai que je ne me chargeais point de la commission, s'il ne me promettait pas d'être en tout d'accord avec moi, et que, si j'apercevais la moindre tergiversation sur le parti que je proposerai, de prendre, je me retirerais sans autres et refuserais ma médiation. Il me promit tout ce que je lui demandai.

Je me rendis ensuite à la citadelle pour avoir un pourparler avec le général Grouchy, qui me communiqua ses prétentions (pièces just. B). Je raisonnai avec lui sur les demandes qu'il faisait, et fus à la cour, où ayant trouvé réunis ensemble le roi, la reine, les princes royaux, les ministres et plusieurs autres personnages, je gardai le secret du contenu des propositions dont j'étais chargé, parce que je croyais que rien ne devait transpirer en présence de certaines personnes qui étaient présentes, crainte que la négociation commencée n'eût pas sa fin désirée. J'eus dans un coin de la chambre du roi une entrevue avec le bailli, et je lui dis qu'on ne saurait rien, si auparavant on n'éloignait pas telle et telle personne. Le roi, étonné de mon silence et voyant que je conversais avec le bailli en secret, s'approcha en me demandant quelle était la raison pour laquelle je ne m'ouvrais pas? Je lui fis la même observation que je venais de faire au bailli. Le roi convint que cette précaution était nécessaire et juste, aussi écarta-t-il adroitement toutes les personnes que je lui avais nommées. Les choses en étant venues au point où je le désirais, je lui communiquai les demandes du général Grouchy. La surprise, les agitations, les discussions qui s'élevèrent entre les personnes qui se trouvaient dans ce congrès ne purent pas me faire changer en rien dans le parti que j'avais pris. Je lui dis qu'il n'y avait point d'autre et meilleure ressource que de seconder les intentions du général, et d'accepter les conditions qu'il offrait. Il y eut de grands débats de part et d'autre; ils se terminèrent par la résolution que l'on prit de faire une réponse au général. On me chargea de la lui porter. Je trouvai le général Grouchy ferme dans sa première demande : voyant de la résistance, il me pria de le seconder dans cette tentative délicate, me promettant que je serais généreusement récompensé; je me décidai donc à retourner en cour. En montant le grand escalier je fus rencontré d'une personne qui m'attendait; je ne pus la connaître, car elle était enveloppée dans son manteau et avec son chapeau enfoncé sur le front. Ça été un bonheur pour moi que je ne l'aie pas connue, que je ne l'aie pas regardée, que durant son discours j'aie toujours eu les yeux collés contre terre, et que conséquemment elle n'ait pas même pu soupçonner que je l'aie connue; elle aurait pu me faire assassiner. Dans le doute que j'eusse ensuite de la faire connaître comme chef d'un parti, elle m'arrêta en me disant : M. l'avocat, vous pouvez rendre un grand service à la cour, à l'état. Et que serait-il, ce service? ayant toujours l'attention de ne regarder que la terre, afin qu'elle ne crût pas que je pouvais la connaître. Vous aurez, me dit-elle, cent mille livres en or, qui vous seront comptées en cinq minutes, que vous pouvez porter dans votre voiture, ou bon vous semblera, pourvu que vous me promettiez de me seconder et de déterminer la cour qui a confiance en vous, à faire un coup de main sur la citadelle. Comment cela se pourrait-il faire, lui répliquai-je, dans le temps que l'on traite avec les Français? Ils ne se défient de rien; ils sont tranquilles; nous faisons sonner le tocsin dans les villages les plus proches de Turin; de ces villages nous faisons parvenir à d'autres, ainsi de suite; et lorsqu'un grand nombre de paysans, qui sont mécontents des Français, seront rassemblés autour de la ville, nous faisons également sonner le tocsin ici; avec le secours de la troupe que nous avons ici qui est très-bien disposée, et de celle que nous avons fait venir qui se trouve à la porte, nous sommes assurés de l'issue de cette entreprise. Nous donnons un grand exemple à toute l'Italie, et vous, cher ami, vous serez en outre bien récompensé proportionnellement à l'importance de cette grande affaire. Pendant que cette personne me tenait ce langage, j'étudiai les moyens de la détourner de son projet et de lui laisser apercevoir que les choses n'étaient pas si alarmantes qu'elle se le figurait : Mon cher monsieur, lui dis-je donc, vous vous échauffez pour rien ; si le roi veut traiter de quelques objets avec le général français, vous pouvez bien juger qu'ils ne sont pas de grande importance, puisqu'il m'a chargé de cette négociation. A cette heure où tout le monde est retiré, toutes ces circonstances ne vous disent-elles pas que le roi a pris les sages mesures afin que le peuple ne crût pas ce qui n'est pas. Je vous prie de vous rassurer, de vous retirer, d'aller souper et dormir tranquillement. Après quelques paroles il poussa un grand soupir pour me marquer la consolation que je venais de lui procurer, en me disant : La nouvelle que vous venez de me donner est bonne, autrement tout était disposé, et il ne manquait plus que d'allumer le feu pour avoir un grand incendie. Il se retira tranquille et alla peut-être informer son parti de ce qui venait de se passer entre lui et moi. Pour le faire désister de son cruel projet, j'ai eu la même rencontre deux fois, et presque avec les mêmes circonstances que je passe sous silence pour ne pas vous ennuyer par la répétition.

Je reviens à mon sujet ; je retournai à la cour où toutes les personnes informées et instruites du fond de ma commission m'attendaient avec une impatience analogue à son importance. J'exposai avec la plus grande franchise les prétentions du général auxquelles il ne voulait rien changer. Jugez quelle sensation ma relation fit sur le cœur de toute l'assemblée et des personnes qui étaient les plus intéressées à obtenir quelque adoucissement. On discourut pendant plus d'une heure et demie ; les uns pensaient d'une façon, les autres d'une autre ; on proposait, on discutait, et toujours on m'interpellait pour avoir mon sentiment : ce que je dis sans vanité, sans présomption ! Toujours égal à moi-même, je ne faisais que répéter ma première réponse, savoir : Qu'il n'y avait point d'autre voie de sauver la famille royale, ma patrie, et de se rendre favorable et propice la nation française en épargnant le sang et de grandes dépenses, que d'accepter les propositions du général.

Me voyant inébranlable dans mes principes, dans mon opinion et mon parti, je n'avais d'autre crainte que celle d'une trahison, du déshonneur. Le roi me dit : allez donc, retournez à la citadelle, et dites au général qu'il envoie l'officier qu'il voudra pour rédiger les articles arrêtés.

Je fus à la citadelle pour la quatrième fois. Le général Grouchy me reçut avec bonté et cette bienveillance qui caractérise si bien les Français, et me témoigna le plaisir que lui causait ma dernière réponse, ayant conduit l'affaire avec autant de succès et de sagesse. Il écrivit ensuite tout ce qu'il jugea convenable, et donna ses dispositions vers les neuf heures de France. Je passai chez le roi avec le citoyen adjudant général Clauzel, le bailli Saint-Germain ; le commandant Clauzel et moi, avons concerté pour la stipulation des articles. UNE SEULE FOIS QU'IL Y EUT DE L'OPPOSITION, COMME IL ÉTAIT

IMPORTANT, NOUS RETOURNÂMES A LA CITADELLE, LE COMMANDANT CLAUZEL ET MOI, POUR EN AVOIR UNE EXPLICATION AVEC LE GÉNÉRAL. Toutes les difficultés furent aplanies ; on rédigea par écrit toutes les demandes qui furent acceptées. Elles furent ensuite soussignées comme il est notoire, et scellées du sceau royal ; et nous nous retirâmes tous à deux heures environ après minuit, pleins de consolation et de contentement, vu que les choses s'étaient arrangées et terminées si heureusement, et que personne n'avait pu avoir la moindre connaissance de ce qui s'était traité pendant cette nuit. Ce qu'il importait grandement de tenir caché dans le secret le plus scrupuleux.

D'après cet exposé le plus ingénu et le plus véridique, vous pouvez connaître si je mérite que la nation française me prenne sous sa protection et me fasse sentir quelques-unes de ses marques de bienveillance dont elle comble généreusement les individus qui l'ont servie avec honneur et désintéressement.

Je cède volontiers toute la gloire qui peut me revenir de mes opérations, mais je ne puis pas renoncer aux avantages qu'elle me permet d'espérer sans faire aucun tort ni à mon honneur, ni à mon désintéressement, ni à la délicatesse de mes sentiments. J'ose me flatter que vous voudrez bien me prendre en considération et vous intéresser à mon égard, puisque toutes les protections que je pourrais avoir d'ailleurs ne vaudront pas la vôtre. Ma reconnaissance, qui devance les bienfaits que j'attends de vous, vous paie son tribut ; elle est aussi sincère qu'inaltérable.

Salut et respect.

Signé, le citoyen BERTOLIATI, *homme de loi.*

(PIÈCE *E.*)

AU CITOYEN GROUCHY, GÉNÉRAL COMMANDANT LA CITADELLE DE TURIN.

Stradella, ce 17 décembre 1798.

Général,

En adressant la ci-jointe lettre de la part de Sa Majesté le roi de Sardaigne au général en chef de l'armée d'Italie, j'ose vous adresser ce peu de mots pour vous prier, général, de vos bons offices auprès dudit général en chef, afin qu'il veuille complaire Sa Majesté en lui accordant la continuation de l'escorte française et piémontaise, qui l'accompagne maintenant, jusqu'à Livourne, où au moins jusqu'à un endroit proche de ceux qu'occupent, à ce qu'on dit, les troupes napolitaines.

Sa Majesté vous serait bien reconnaissante si vous pouviez lui obtenir cette escorte qui lui est indispensable pour la continuation de sa route.

Agréez, général, que je saisisse une circonstance bien agréable pour moi, pour vous assurer de la haute considération, et du profond respect avec lequel j'ai l'honneur d'être,

Général,

Votre très-dévoué serviteur.

BALBE, *des écuyers de Sa Majesté sarde*.

(PIÈCE *F* 1.)

AU CITOYEN GROUCHY, GÉNÉRAL COMMANDANT LA CITADELLE DE TURIN.

Turin, ce 9 décembre 1798.

Citoyen général,

Sa Majesté est reconnaissante à vos attentions; elle vous prie d'accepter un de ses chevaux de selle, qu'elle ordonne à son grand écuyer de faire passer à vos gens.

En vous renouvelant l'assurance des sentiments de reconnaissance pour les politesses dont vous m'avez comblé avant-hier au soir, j'ai l'honneur de me dire avec respect,

Votre très-obéissant serviteur.

DE SAINT-MARSAN.

(PIÈCE *F* 2.)

AU CITOYEN GROUCHY, GÉNÉRAL DE DIVISION, COMMANDANT LA CITADELLE DE TURIN.

Turin, 9 décembre 1798.

Citoyen général ;

Sa Majesté, sensible aux attentions que vous avez eues pour sa personne et sa famille, vient d'ordonner qu'il vous soit remis quelques chevaux de son écurie.

J'ai l'honneur d'être ,

Votre très-obéissant serviteur.

DE SAINT-MARSAN,

Ministre de la guerre.

FIN.

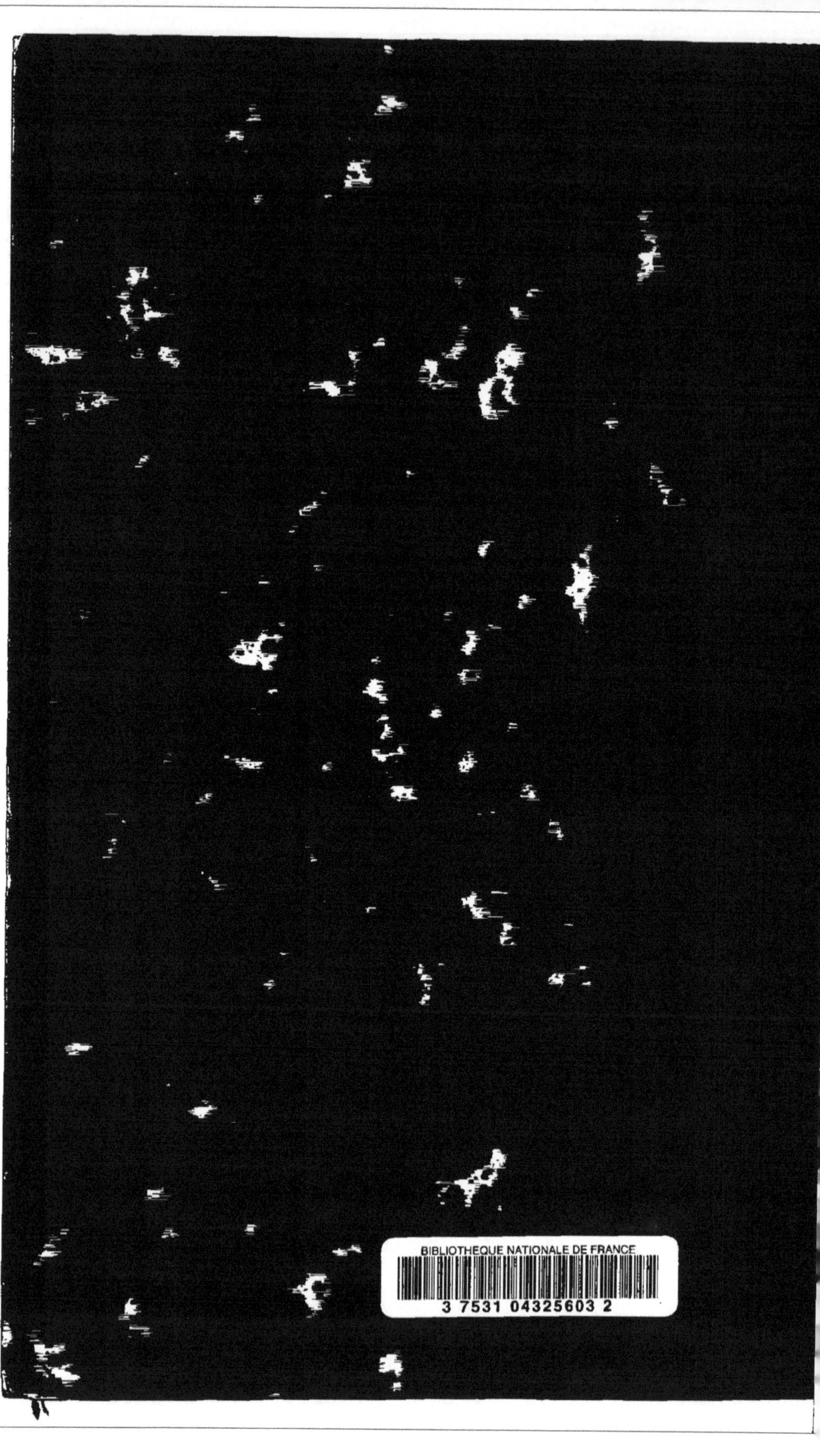

BIBLIOTHEQUE NATIONALE DE FRANCE
3 7531 04325603 2

9 782014 443547